AF224306

FAITS ET IDÉES

SUR

SAINT-DOMINGUE,

RELATIVEMENT

A LA RÉVOLUTION ACTUELLE.

A PARIS,

De l'Imprimerie de SEGUY-THIBOUST, Place Cambrai.

Et se trouve

Chez { BEDEL, Marchand Papetier, rue Montmartre, N°. 219.
GOUJON, Marchand de Nouveautés, au Palais-Royal, cour des Princes.

1789.

AUX HABITANS

DE SAINT-DOMINGUE.

Mes chers compatriotes,

Nous sommes dans des circonstances où tout Citoyen doit à la Patrie un tribut de son zèle & du peu de lumieres qu'il peut avoir. A portée, par mon séjour dans la Capitale du Royaume, de suivre les divers mouvemens de la révolution actuelle, je me crois obligé de vous indiquer ceux qui vous intéressent plus particulierement. Je vous dédie, en consé-quence, trois Ecrits que j'ai faits. Le premier, est une Lettre sur l'admission de vos Députés à l'Assemblée Nationale, & que je leur ai adressée au moment qu'ils s'y sont présentés. Le second, consiste dans des Réflexions sur quelques travaux d'une Assemblée de Colons réunis ici à l'Hôtel de Massiac, Place des Victoires ; & le troisieme, est un Plan d'organisation d'Assemblées pour votre Isle , où chaque article est accollé des motifs qui l'ont dicté. Vous jugerez vous-mêmes du mérite de ces trois pieces, par l'utilité que vous en retirerez : vous me ferez aussi la justice de penser que mon intention, en dé-signant quelques personnes, n'a point été de les rendre odieuses,

ni même suspectes, mais de vous prémunir contre les opinions
qui seroient infectées du venin des préjugés & des fréquenta-
tions ministérielles. Ils ont pu se tromper de bonne foi, je puis
me tromper de même ; c'est à vous qu'il appartient de redresser
nos erreurs , & d'assurer le bonheur commun. Si mes efforts
ont l'avantage d'y contribuer , j'aurai la seule récompense que
j'ambitionne, & la plus douce pour quiconque est , comme
moi , avec un parfait dévoûment ,

Votre affectionné Compatriote * * * * *.

LETTRE

A MM. les Députés de la Colonie de Saint-Domingue aux Etats-Généraux, écrite le 14 Juin 1789.

MESSIEURS,

VOUS avez fans doute été frappés comme moi de la Lettre inférée dans le Journal de Paris, N°. 161, & de la Notice qui l'accompagne, fous le titre d'Etats-Généraux. Cette Piece ainfi préfentée, tend à faire croire qu'on a été au-devant, qu'on a cherché fincerement à s'affurer du vœu des Colonies pour leur admiffion à l'Affemblée Nationale; & vous favez parfaitement, MESSIEURS, qu'on n'a au contraire laiffé échapper aucune des mefures propres à les en exclure.

Sur vos premieres démarches pour Saint-Domingue, au mois de Juillet 1788, on témoigna l'oppofition la plus formelle; on infinua qu'une Députation des Colonies les expofoit à être affujetties aux mêmes impofitions que le refte du Royaume, & l'on effaya de vous ébranler par tous les moyens; mais votre noble perfévérance fembla forcer alors de mettre votre demande fous les yeux de SA MAJESTÉ & de fon Confeil, puifque, le 11 Septembre 1788, on vous fit entendre qu'il avoit été prononcé une décifion, dont néanmoins on vous refufa la connoiffance.

Telles étoient les difpofitions au moment du départ de M. le Marquis du Chilleau, nommé Gouverneur-général de Saint-Domingue. Peu avant fon arrivée dans cette Colonie, les exemplaires du Mémoire de votre Comité, féant à Paris, fuivi d'une Confultation, rédigée & fignée par quatre anciens Avocats au Parlement de Paris, étoient devenus publics. Pour remédier à l'impuiffance où l'on avoit été d'en prévenir la diftribution, on fit mettre dans les Affiches Américaines du 6 Décembre 1788, qu'il paroiffoit, cet Imprimé; & dans l'efpoir d'en amortir les effets, on s'avifa d'ajouter que plufieurs Habitans, d'un avis contraire, avoient auffi préfenté un Mémoire à quatre Avocats, également anciens, qui, après en avoir pris lecture, & après mûre délibération, avoient été unanimement d'avis que de pareilles affaires ne pouvoient faire la matiere d'une Confultion. Le Gazetier, démenti fur ce dernier fait, déclara que l'article n'étoit pas de lui, & qu'il étoit tel qu'on lui avoit prefcrit de le faire paroître.

Il eft fenfible qu'on avoit pris cette tournure ambiguë moins pour annoncer que pour amener une diverfité d'opinions, & pour préparer les efprits à la publication d'une Ordonnance relative, dont le préambule contient les mêmes fuggeftions, & dont les difpofitions ont évidemment le même but. Elle fut donnée cinq jours après le débarquement de M. le Marquis du Chilleau, avec une Lettre aux Officiers de Milice. On penfa généralement que les minutes en avoient été envoyées toutes dreffées par le Bureau des Colonies ; & je fuis perfuadé que la Lettre en queftion en eft pareillement émanée. Revenons à l'Ordonnance.

Dans l'article premier, on fuppofe que les intentions de Sa Majefté ne font pas connues ; & dès le mois de Septembre 1788, on avoit parlé d'une décifion de Sa Majefté, & M. le Marquis du Chilleau n'avoit quitté la France qu'en Novembre 1788, & cette Ordonnance, qu'il a fignée, étoit de la fin de Décembre 1788 ; on autorife enfuite & l'on invite les Colons à faire connoître leurs defirs par Lettres ou par Requêtes, qui feront nulles fi elles font fignées de plus de cinq perfonnes. Par le fecond article, on frappe de nullité les fignatures des perfonnes qui auroient omis de faire mention de leur Paroiffe, de leur domicile, de leur habitation, avec le genre de culture, ou de leur profeffion. Par le troifieme, on rejette toutes les Lettres & Requêtes déjà adreffées à ce fujet. On avoit imaginé ces formes fingulieres & inufitées apparemment parce qu'elles favorifoient les manéges, interceptoient la communication des lumieres & du feu patriotique, & donnoient la faculté de diffimuler, d'éloigner, autant qu'on le voudroit, la manifeftation du vœu colonial. Enfin, par l'article quatrieme, on défend toute affemblée illicite, à peine, contre ceux qui y affifteront, d'être pourfuivis fuivant la rigueur des Ordonnances.

Cette efpece de menace n'arrêta point ; les Habitans s'affemblerent par Paroilles (1), & nommerent des Electeurs pour fe réunir aux chefs-lieux des parties du Nord, de l'Oueft & du Sud, & y former une députation

____

(1) Et par Sénéchauffées fucceffivement (difent quelques-uns, d'autres contredifent tous ces faits) ; mais il en eft un inconteftable, c'eft que la nomination des Députés s'eft faite avec toute la célébrité & la régularité que pouvoient permettre les obftacles apportés par le Gouvernement.

coloniale. Tout étoit ainsi consommé au mois de Mars de cette année, lorsque, le 10 Avril suivant, fut écrit la Lettre en question. Elle ne peut donc être regardée que comme une tentative pour empêcher l'accomplisse-ment du vœu colonial ; car s'il en étoit autrement, pourquoi d'abord n'avoir pas ordonné l'Assemblée qu'on y promet, avant, ou aussi-tôt la convocation des Etats-Généraux, à l'instant qu'une foule de riches Pro-priétaires de Saint-Domingue ont demandé en France d'y avoir des Re-présentans ? pourquoi ne l'avoir pas ordonné pour toutes les Isles ? pourquoi n'en indiquer encore que l'intention ? En second lieu, quelle sera cette Assemblée ? Sera-t-elle, comme toutes les précédentes, composée, pour la plus grande partie, des Suppôts de l'autorité, de gens intéressés à per-pétuer les abus, de tous ceux, en un mot, qui précisément sont à-peu-près les seuls de l'opinion diamétralement opposée au vœu colonial ? Si, au contraire, cette Assemblée est libre, si l'on n'y voit que des Membres choisis librement dans toutes les Paroisses, elle sera tout-à-fait frustratoire, parce qu'elle ne produira point un autre résultat que celui des Assemblées où l'on a déjà élu des Députés.

Prétendroit-on que ces Assemblées ont été illégales ? Sous quel rapport ? Dans la maniere dont elles ont été tenues ? L'on y a observé toutes les regles établies pour rendre une Assemblée authentique. En ce qu'elles n'ont pas été précédées d'une convocation (1) ? Eh ! la publication de l'Ordonnance du 26 Décembre 1788 en étoit une véritable. On répliquera peut-être qu'il falloit donc se conformer au prescrit de cette Ordonnance ; mais ses dispositions n'étoient pas plus sacrées que celles du Réglement joint à la Lettre de convocation pour les autres Provinces du Royaume. Le Ministre du Roi a lui-même fait savoir à plusieurs Bailliages que c'étoit moins une Loi qu'une Instruction, & que Sa Majesté seroit satisfaite, quelque chemin que l'on prît, pouvu qu'il conduisît au terme qu'elle se proposoit.

---

(1) Le principe que tout Peuple peut se convoquer & s'assembler lui-même pour aviser à ses intérêts, est maintenant reconnu. L'Assemblée Nationale a également admis la Députation de la Martinique, le 14 Octobre 1789, nonobstant les défauts pré-tendus de convocation & d'assemblée par Jurisdictions. Les Députés de la Guadeloupe n'ont été reçus, le 23 Septembre précédent, que sauf confirmation par cette Co-lonie, parce que son vœu, à l'égard de la forme de leur nomination, n'avoit pas été manifesté d'une maniere assez authentique.

Au furplus, l'adreffe directe d'une Lettre de convocation eft une for-
malité dont le défaut eft bien une prévarication de la part de ceux qui
auroient dû s'occuper de la faire parvenir, mais qui ne fauroit porter la
plus légere atteinte au droit inconteftable qu'ont tous les Français de
députer à l'Affemblée Nationale, pas plus que l'inertie volontaire ou
forcée des autres Colonies ne peut préjudicier à l'activité de Saint-Domingue, la plus confidérable de toutes, finon les prévaricateurs, qui ne
manqueroient pas de prétextes pour fe juftifier, auroient un moyen facile
de fermer pour toujours aux Colonies l'entrée des Etats-Généraux ; mais
comme il eft cenfé que Sa Majefté, en convoquant une Affemblée générale
de la Nation, entend y appeller toutes les Provinces de fon Empire, il
fuffit aux Colonies d'être inftruites de cette convocation, pour être plei-
nement autorifées à y nommer leurs Repréfentans.

Comment donc a-t-on ofé publier que Sa Majefté avoit décidé, dans
fon Confeil, que les Colonies françaifes ne députeroient point à la pro-
chaine convocation ; mais qu'elle avoit en même-tems réfolu que cette
faculté leur feroit donnée pour les convocations fubféquentes, fi tel étoit
leur vœu & celui des Etats-Généraux du Royaume ? Où eft cette décifion ?
Qui nous en garantit l'exiftence ? Les feuls adverfaires du vœu colonial.
Ah ! ils ont bien pu, dans l'aveuglement de l'intérêt perfonnel, fabriquer
& débiter de pareilles phrafes ; mais Sa Majefté, qui veut le bien commun,
n'a jamais pu décider que des Français n'étoient pas actuellement des
Français, ou qu'ils ne le feroient qu'à telle ou telle époque ; Sa Majefté
n'a jamais pu confidérer comme une fimple faveur pour cette partie de
fon Royaume, ce qu'elle a folemnellement reconnu, pour tout le refte,
comme un droit naturel & imprefcriptible ; Sa Majefté n'a pas pu foup-
çonner une minute que les Députés des autres Provinces du Royaume
feroient à leurs Concitoyens l'injure impardonnable de ne pas les admettre
parmi eux. Non, ils font trop juftes, trop éclairés, trop fages, pour ne
pas fentir que plus les Colonies font éloignées, plus on doit les rapprocher, & refferrer les nœuds qui les uniffent à la Métropole, plus elles ont
befoin d'être protégées contre les vexations en tout genre, auxquelles
elles ne font malheureufement que trop expofées, Ils conviendront que
s'il eft une époque où les Colonies doivent avoir des Députés préfens
aux Etats-Généraux, c'eft fans contredit à celle où l'on médite d'y agiter
des queftions capitales, dont leur fort dépend abfolument, favoir,

la fuppreffion de la Traite & l'affranchiffement des Efclaves. Ils reconnoîtront que la différence du régime des Ifles n'eft pas un motif d'exclufion, parce qu'il n'y a pas une feule Province du Continent qui ne differe des autres par des localités effentielles. Ils reconnoîtront auffi que le nombre des Députés de chaque Ifle ne doit pas être combiné fur fa population blanche feulement, mais auffi en raifon de fon importance dans le fyftême national ; & il n'en eft aucun qui n'ait reconnu fur-le-champ que la publicité donnée dans le Journal de Paris à la Lettre en queftion, deux jours après que cinq des Députés de Saint-Domingue fe font préfentés à la Chambre des Communes, eft un nouvel effort des ennemis jurés des Colonies, pour les faire exclure de la tenue préfente des Etats-Généraux, avec le ferme propos d'employer toutes les reffources de leur art pour les repouffer éternellement des tenues fubféquentes.

J'ai cru, Messieurs, devoir vous communiquer ces Réflexions, que m'a fait naître la lecture de la Lettre en queftion dans le Journal de Paris ; vous en ferez l'ufage que vous eftimerez le plus convenable. Je ne crains ni ne defire d'en paroître l'Auteur, n'ayant d'autre prétention que d'être utile à ma Patrie, & de vous prouver le dévouement avec lequel j'ai l'honneur d'être,

MESSIEURS,

Un de vos Freres, &c.

RÉFLEXIONS

Sur des Travaux de la Société correspondante des Colons Français, assemblés à Paris.

AU moment où les Députés de Saint-Domingue se sont présentés à l'Assemblée Nationale pour la vérification de leurs pouvoirs, les Adversaires du vœu Colonial ont suscité quelques Habitans qui ont remis des protestations & une opposition formelle à l'admission des Députés de cette Colonie. Cette nouvelle entreprise ayant échouée, ils ont saisi l'occasion d'une diatribe du Comte de M... (1), contre ces Députés pour inspirer des terreurs paniques à d'autres Propriétaires qui se sont empressés de se réunir aux Habitans qui avoient déjà formé les opposition & protestations prétendues. Ils vouloient d'abord les réitérer & s'ingérer, en conséquence, de notifier aux Députés de Saint-Domingue, d'avoir à se retirer de l'Assemblée Nationale, ou à s'abstenir de ses délibérations, sous peine de désaveu, en cas de resistance, de tout ce qu'ils auroient fait où feroient.

On leur a démontré que leur démarche seroit fausse autant dans la forme qu'au fond. Dans la forme, parce qu'ils n'avoient aucun droit, ni qualité pour faire en Europe de pareils actes qui ne devoient émaner que d'une Assemblée tenue à Saint-Domingue même, & qui auroient dû être constatés à l'instant que la députation se composoit sur les lieux, au vu & su de toute la Colonie & après que les préparatifs en avoient été dressés publiquement sous leurs yeux dans la Métropole. Au fond, parce que, la nomination des Députés de cette Isle avoit été solemnel-

(1) M. le Comte de M..... dont j'admire les talens & les connoissances, a été lui-même étonné qu'on eût employé son persiflage à répandre des allarmes aussi peu fondées. Il l'a dit à deux Colons, qui lui ont été députés exprès.

lement reconnue légale par l'Affemblée Nationale , & que tout ce que celle-ci ordonneroit en leur abfence n'en feroit pas moins obligatoire pour la Colonie : que c'étoit une folie de confidérer la confection des Loix comme le jugement d'un Procès dont la prononciation par défaut laiffe ouverture à fe pourvoir contre; que les ftatuts Nationaux n'étoient point fujets aux formalités de la chicane : qu'une Province faifant partie d'un Royaume , d'une Nation , ne pouvoit fe fouftraire aux décrêts que cette Nation rendoit comme Souveraine ; & que fi toutes avoient une femblable prérention , ce ne feroit plus qu'une anarchie affreufe.

Les Partifans de l'opinion contraire ont allégué que les Provinces Métropolitaines étant Parties intégrantes du Royaume , elles devoient fe foumettre à la volonté générale , mais qu'il n'en étoit pas ainfi des Colonies qui n'étoient qu'aggrégatives. Ce raifonnement a été retorqué par une application fort fimple à tous les Pays conquis , aux Provinces réunies , à toutes celles enfin dont l'enfemble compofe le Royaume de France , & qui n'en font devenues Parties intégrantes que par l'aggrégation qui s'en eft faite , à quelque titre & de quelque maniere que foit , aux terres conftituantes originairement cet Empire. Ils ont répliqué que les Colonies avoient toujours eu dès leur naiffance un régime particulier & diftinct , qu'elles avoient des localités qui ne permettoient pas de les aftreindre à l'Ordonnance générale de la Métropole : ce nouvel argument perd toute fa force lorfqu'en parcourant le Recueil des Loix & Conftitutions de Saint-Domingue , on voit que la bafe de la légiflation Coloniale repofe fur la Coutume de Paris , & fur les Ordonnances générales du Royaume , que dans les objets Coloniaux même on rencontre des conformités parfaites , telles pour n'en citer qu'un exemple tranchant & irréfragable , telle que l'infaififfabilité des Negres de place rapprochée de celle des beftiaux qui fervent au labourage. Ce n'eft pas cependant qu'il n'y ait des efpeces purement locales ; & quelle eft la Province de France qui ne differe des autres par des particularités remarquables ? La Bretagne , la Normandie , la Provence , la Bourgogne , la Franche-Comté , le Dauphiné , &c.; toutes ces Provinces n'ont-elles pas entr'elles des diffemblances frappantes ? N'ont-elles pas leurs localités ? Mais l'Affemblée Nationale fera trop avifée pour ne pas les refpecter , & fi elle s'égaroit fur des points principaux , la Nature , cette Puiffance abfolue , ce premier Souverain de l'Univers , engagera bientôt à redreffer des écarts paffagers qui ne feront qu'avertir par une fecouffe légere fans déranger l'économie politique (1).

Au fait, quel eft le but de la Société correfpondante des Colons François affemblés à Paris ? D'établir des Affemblées pareilles à l'Af-femblée Nationale, qui ftatuent pour les Colonies comme celle-ci regle pour tout le Royaume. Mais d'abord dans le projet *d'Ordonnance* on apperçoit toute l'influence Miniftérielle, & notre premier vœu eft de nous délivrer de fon defpotifme. On parle *d'ordres*, *d'Ordonnance*, *d'injonction* aux Habitans de s'affembler ; & ce feront encore les *Admi-niftrateurs* qui donneront ces *ordres*, qui rendront *l'Ordonnance*, qui feront *l'injonction* (2). Eft-ce donc là le langage de la liberté après laquelle nous foupirons, & qu'on a l'air de nous promettre ? Doit-on employer ces expreffions, ces formules pour des actes qu'on annonce comme les élémens de délibérations libres & fpontanées ? On ne s'en eft pas fervi pour la Métropole dans le tems que le defpotifme Miniftériel y étoit le plus en vigueur ; on s'eft contenté de faire écrire par le Roi une lettre

---

(1) Il eft important & de la plus faine politique que l'Affemblée Nationale ne décrete aucune Loi fpéciale pour les Colonies que d'après des projets dreffés fur les lieux mêmes par les Affemblées générales, & en conféquence des renfeignemens envoyés par les Affemblées primaires.

(2) On a obfervé que le Miniftre de la Marine prenoit cette tournure pour ne point fe compromettre avec l'Affemblée Nationale, & qu'il auroit bien foin de faire mettre en tête de l'Ordonnance, qu'elle n'étoit rendue que d'après un Plan concerté & propofé par des Colons affemblés à Paris. Il eft à propos de remarquer ici que ce Miniftre traitoit de féditieufes, d'illégales les Affemblées des Colons qui s'étoient occupées d'une Députation de Saint-Domingue à l'Affemblée Nationale, au lieu qu'il canonife les opérations des Affemblées actuelles ; ce qui donneroit à croire qu'elles font formées par lui, & qu'il eft l'ame de leurs délibérations, d'autant que la plupart des Membres, des Orateurs dominans, font fes amis, fes partifans, fes créatures ; des gens qui, par leurs parens, par eux-mêmes, en ont reçu ou en attendent des bienfaits, qui font tous les jours avec lui ou à la Cour. Parmi le refte, les uns auteurs de l'oppofition rejettée par l'Affemblée Nationale, fe flattent de la reffufciter par la fanction de la Colonie entiere ; les autres ont été entraînés par le torrent. Les Députés de Saint-Domingue eux-mêmes ont adhéré au réfultat des délibérations de ces Affemblées, qu'on ne leur a fait envifager que comme provifoire : auroient-ils donné dans le piege, fans s'appercevoir que les batteries étoient principalement dirigées contre leur miffion ?

de convocation : & s'il y a eu des ordres envoyés, ce n'a été qu'aux Gouverneurs, qu'aux Repréſentans de Sa Majeſté, pour qu'ils euſſent à faire parvenir exactement la lettre de convocation : il eſt vrai qu'on y a ajoûté, contre l'uſage, une eſpece de Réglement ; mais l'on eſt généralement convenu, même les Miniſtres, que les diſpoſitions de ce Réglement n'étoient que de ſimples inſtructions dont on pouvoit s'écarter ſi on le jugeoit à propos. En effet quelle eſt la marque de la vraie liberté pour un Peuple qui s'aſſemble ? C'eſt de le faire de la façon qu'il juge la plus convenable. Il n'eſt pas néceſſaire, il paroît même ridicule de lui en donner *l'injonction*, il ſuffit d'une ſimple invitation.

On exige enſuite des qualités pour être Electeur ; je n'en connois qu'une, celle de Citoyen vraiment domicilié jouiſſant d'un état, d'une propriété quelconque : puis des qualités pour être éligible, il faut être ſur-tout ou *Propriétaire planteur, ayant* un bien en culture avec *vingt Negres récenſés*, ou ſimple *Propriétaire d'une valeur au moins de cent mille livres, numéraire de la Colonie* (1). C'eſt-à-dire que l'on calcule le taux des lumieres & des talens ſur celui des poſſeſſions & des fortunes, comme ſi les richeſſes donnoient plus d'aptitude : on peut réunir ce double avantage ; mais il eſt plus commun de trouver une perſonne inſtruite, un homme de génie peu fortuné, qu'un homme fortuné doué en même tems d'un eſprit vaſte & de connoiſſances profondes. On a propoſé pour regle de proportion une Loi Coloniale qui exemptoit de tout impôt les Propriétaires de terres qui n'avoient pas plus de quatre Negres ; ce n'eſt pas ſans doute parce qu'elle exiſte ou qu'elle a exiſté cette Loi que l'on devroit la prendre pour modele ; en l'examinant même ſuperficiellement on reconnoit que c'eſt une faveur pour ces Particuliers qui ſe convertiroit en une injure, en un affront ſi elle ſervoit à les fruſtrer d'un droit naturel & ſacré. Et quand on ſe donne la peine de réfléchir un peu, on eſt obligé de convenir qu'elle n'a pas été faite préciſément pour le bien-être des individus, mais pour la proſpérité des Colonies : en un mot ce n'a pas été pour que le fonds de l'impôt non-perçu tournât au profit du Cultivateur, mais bien de la culture ; car il n'eſt perſonne qui ne ſache que celui qui entreprend d'établir, enfouit long-tems ſes tréſors

____

(1) C'eſt-à-dire 10,000 liv. de revenus ; aſſûrément un Particulier qui n'en auroit que 3000 liv. ſera bien fondé à réclamer contre cette fixation ariſtocratique.

avant de parvenir à retirer l'intérêt du capital. Les maisons nouvellement construites sont aussi exemptes de toute imposition pendant les deux ou trois premieres années de leur bâtisse, & l'on sent parfaitement que ce n'est que pour favoriser l'embellissement ou la commodité des Villes & Bourgs.

Après tout, l'intérêt majeur des Colons est de se tenir étroitement unis : or ce ne seroit pas l'entendre, ce seroit plutôt répandre des semences de division & de discorde, que de fixer des bornes à la faculté d'élire & d'être élu. Ceux à qui on la refuseroit, en seroient justement offensés ; ce sont ceux-là même qui comme les plus foibles sont les plus exposés à l'oppression. Il y auroit au contraire d'autant moins d'inconvénient à les admettre, qu'ils feront moralement moins curieux de fréquenter les Assemblées, parce qu'elles les détourneroient de leurs spéculations mercantiles, ou des travaux nécessaires à leurs habitations : par cette même raison ils n'ambitionneront point, ils ne brigueront point les nominations, & ils ne donneront probablement leurs suffrages qu'à ceux que la voix publique désignera comme les plus capables : ou s'ils se mêlent à quelques cabales, ce ne sera qu'à celles des riches, des puissans que l'on n'exclue point, qui en sont d'ordinaire les moteurs, les chefs, & qui les feront toujours, quelque soit le nombre & la qualité des votans. En ne rejettant point cette classe prétendue inférieure, on y gagnera encore, par les égards que les Colons plus aifés s'habitueront à avoir pour elle, de modérer la morgue en quelque sorte aristocratique, qui se glisse déjà dans certains esprits & dont le germe par une répudiation marquée se développeroit & croîtroit insensiblement au préjudice de la bonne intelligence & de la concorde si essentielles. Au surplus, l'on n'a qu'à prévenir par de sages dispositions les effets nuisibles des intrigues. Les précautions à cet égard me semblent faciles à prendre : j'exposerai quelques vues après avoir discuté l'institution même que nous projettons.

Cette Institution tend à nous isoler de l'assemblée Nationale ; mais pour y réussir, il faudroit être une puissance indépendante, & nous ne le sommes point, & nous ne pouvons l'être non-seulement sans le consentement de la Nation, mais encore de l'Europe entiere. Il faut absolument que nous soyons sous la domination directe ou indirecte de la Nation. Sous la domination directe, c'est-à-dire, sous l'autorité immédiate

de l'Assemblée Nationale, sous la domination indirecte, c'est-à-dire,
sous l'autorité des Ministres Représentans du Roi qui dans leurs personnes
sera censé nous représenter à l'Assemblée Nationale ; c'est entre ces deux
sortes de dépendances que nous avons à opter pour notre législation ;
car nous avons nécessairement des Loix communes avec la Métropole,
ne fussent que celles de Commerce : ces Loix, si nous ne voulons pas
les recevoir de l'Assemblée Nationale, elle sera bien plus en droit de les
refuser de nous : & qui sera l'Arbitre de ce différend? Qui soutiendra
notre cause? Qui sera notre Juge, notre vengeur lorsque nous aurons
des plaintes à porter contre les Administrateurs, contre les Chefs?

Je sais bien que l'intention de nous séparer de l'Assemblée Nationale
n'est point manifestée dans l'Ordonnance : je sais que ceux qui l'ont sug-
gérée à quelques-uns de vous les ont avertis de la dissimuler pour n'être
point contrariés sur-tout par l'Assemblée Nationale ; mais je sais qu'elle
existe incontestablement cette intention (1) ; & l'envie secrette de ces
Agens est de nous faire retomber, disons mieux, de nous maintenir dans
la dépendance unique du Ministre de la Marine. Vous n'ignorez pas qu'il
a la prétention d'être le Député né des Colonies, & qu'il a fait insinuer
que ce n'étoit pas des Députés dans l'Assemblée Nationale, mais auprès
d'elle que nous devions avoir. Cette distinction subtile ne peut s'entendre
que des deux manieres suivantes : ou ces Députés traiteront d'égal à
égal avec l'Assemblée Nationale ; & je ne puis concevoir une partie du
Royaume rivalisant d'autorité avec tout le reste de ce même Royaume ;

---

(1) V. Le modele de procuration imprimé, convenu dans ces assemblées, & où il
n'est donné pouvoirs de nommer des Députés qu'à l'Assemblée centrale, qui s'occupera de tous les intérêts de la Colonie généralement quelconques. Il a été aussi
écrit par cette Assemblée, une lettre aux Colons domiciliés à Bordeaux, & l'on y
fait les plus grands efforts pour leur démontrer que nos Députés font mal dans
l'Assemblée Nationale. Les Colons de la Martinique & de la Guadeloupe qui assis-
tent à nos délibérations, ne semblent pas adopter ce principe, puisque dans ce moment même, ils ont nommé leurs Députés. Cette Assemblée a encore reproché aux
Députés de S. Domingue, d'avoir fait une motion pour les subsistances de cette
Colonie, parce que, dit-elle, c'est reconnoître la jurisdiction de l'Assemblée Nationale,
que ces Colons voudroient décliner. Elle a aussi cherché à les empêcher de se joindre
aux Députés de la Martinique & de la Guadeloupe, qui doivent demander la formation d'un Comité séparé pour les matieres Coloniales.

ou ils ne feront là que pour foumettre les Colonies à la volonté géné-rale ; & il y a certainement bien plus de dignité à y concourir. Le motif d'une femblable diftinction n'eft donc évidemment que le defir de perpé-tuer le régime miniftériel ; parce qu'alors le Miniftre dira, avec plus de fondement que pour une pareille députation., lui ou les Députés actuels des Colonies font plus que fuffifans. (1) Et quel fera le fort des Colonies ? Toujours le même : elles refteront, entre les mains & fous la verge des Adminiftrateurs ; elles continueront de gémir fous des prohibitions tyran-niqnes, dans les fers du commerce en faveur duquel les chefs foit en France, foit aux Colonies, ont des raifons bien connues pour faire pen-cher la balance, (2) au lieu que la nation eft intéreffée à la tenir dans un jufte équilibre.

---

(1) J'oubliois de dire que les Députés du Commerce des Colonies, ont été, aux premieres tenues, des principaux membres de ces Affemblées ; l'envoi direct des Dé-putés anéantiroit vifiblement leurs emplois.

(2) V. Les remontrances de M. de Marbois & les deux Arrêts du Confeil fur l'in-troduction des farines & des Negres de commerce étranger , permife par M. du Chillau, qui pour cela, a été rappellé de S. Domingue.

Nota. Je n'ai affifté qu'à deux ou trois Affemblées où j'ai prefenté une partie de ces réflexions. Je n'ai été depuis à aucune, parce que j'ai cru m'appercevoir qu'il y avoit un parti pris ; mais j'ai entendu dire que les plans avoient été modifiés quant à la forme : il n'e s'agit plus *d'Ordres*, *d'Ordonnance*, *d'Injonction* C'eft, m'a-t-on dit, une fimple *lettre de convocation*, accompagnée d'un *Réglement*, où refpire fans doute le même efprit ; c'eft pourquoi j'exhorte à l'examiner foigneufement & à protefter contre tout ce qu'il renfermeroit qui pût tendre à fomenter le defpotifme miniftériel. Je dis le defpotifme miniftériel, c'eft-à-dire, l'abus que les Miniftres ont fait & feroient de l'autorité royale dont j'ai toujours refpecté & refpecterai éternellement l'ufage légitime.

PLAN

PLAN
D'ORGANISATION D'ASSEMBLÉES POUR SAINT-DOMINGUE

MOTIFS ET OBSERVATIONS.

La population & l'étendue d'une Commune ne permettant pas d'en raffembler à la fois tous les habitans, il eft indifpenfable d'en opérer la réduction , de maniere cependant à faire reffortir le vœu, non feulement des plus petites portions, mais même de chacun des Membres qui les compofent. Le moyen le plus fimple eft fans contredit, d'établir des Affemblées élémentaires où les intérêts privés & communs foient fucceffivement expofés & débattus , & dont la formation dégradative , aboutiffe à une Affemblée centrale , qui , par la conciliation de toutes les volontés réunies procure le bien général. Avant que d'adapter ces principes à la Conftitution de Saint Domingue , il eft effentiel d'obferver que fes trois parties principales , différent entre elles prefqu'autant par leur population , leur richeffe &

RÉGLEMENT.
ARTICLE PREMIER.

Il y aura quatre Affemblées graduelles : la premiere dans chaque Paroiffe , compofée de tous les habitans qui auront droit d'y voter : la feconde dans chaque Sénéchauffée , compofée des Membres qui y feront envoyés par les Paroiffes de fon reffort : la troifieme , dans les Parties du Nord , de l'Oueft & du Sud , compofée des Membres qui feront nommés par les Affemblées de Sénéchauffée : la quatrieme & derniere , dans tel lieu de la Colonie que l'on jugera le plus propre , compofée des Membres qui feront élus à cet effet par les Affemblées de chaque Partie.

le génie qui y domine , que par la pofition phyfique : ces trois parties fe divifent en Sénéchauffées , qui ont encore des habitudes caractériftiques ; & enfin ces Sénéchauffées fe fubdivifent en Paroiffes , qui offrent une variété de nuances quelquefois difparates ; il eft donc prudent de les fondre infenfiblement dans des Affemblées graduelles , qui par le réglement préalable & la combinaifon des droits oppofés de chaque Paroiffe , de chaque Sénéchauffée , & de chaque partie , faffe régner un accord univerfel , d'où réfulte la profpérité de la Colonie.

Si l'on craint trop de complication , on peut fe contenter de trois degrés d'Affemblées , en retranchant celles de chaque Partie : mais on ne fupprimeroit pas celles par Sénéchauffées , fans expofer l'Affemblée générale à des débats longs , tumultueux & confus , tandis que fon attention doit être plus particulierement deftinée à rapprocher, adoucir & marier , autant qu'il fera poffible , les difcordances majeures des trois parties principales , pour les amener à une harmonie parfaite.

C

LES habitans de chaque Paroisse ont divers genres de propriété ou d'industrie, dont la rivalité peut produire des effets dangéreux, en ce que les uns plus forts en nombre étoufferoient les réclamations des autres (1). Pour parer à cet inconvénient, on propose une distribution par classes, qui prépare à chacune d'elles une représentation égale dans les Assemblées & facilite la collecte des suffrages. Les bases de cette distribution qui ont paru les plus raisonnables, sont les différens périodes de la civilisation du genre humain ; cette progression naturelle ne suppose point de supériorité entre les classes, & leur composition n'en sauroit comporter, au moyen de ce que le plus opulent & le plus considéré dans chacune se trouve confondu avec le moins riche & le moins distingué : d'ailleurs la disposition finale de l'article dissipe jusqu'à l'ombre de cet abus politique.

LA confection d'un recensement général empêchera les intrus de se glisser dans les Assemblées : l'admission des étrangers, quoique propriétaires, seroit sujette à des inconvéniens sensibles : ce n'est en général qu'à vingt-cinq ans que les facultés intellectuelles & morales, sont parfaitement développées ; mais la nature, l'émulation & la végétation constante dans ces contrées, donnent quelquefois une maturité précoce ; c'est pour cela qu'on laisse aux Assemblées primaires la liberté d'aggréger les individus, qu'une heureuse constitution favoriseroient avant cet âge. Ceux qui ont un état mobile ou une fortune portative, n'ont d'intérêt qu'autant qu'ils sont sur les lieux & qu'ils y ont demeuré un tems suffisant pour annoncer

ARTICLE II.

LES Habitans de chaque Paroisse seront distribués en quatre classes : une de Propriétaires-Planteurs ; une de Propriétaires de maisons dans les villes & bourgs ; une autre de Négocians & Marchands ; & une autre de tous ceux qui exercent un état, un art, un métier, ou une profession qui n'est pas servile : sans qu'aucune de ces classes puisse prétendre la prééminence, ni la moindre primauté sur les autres.

ARTICLE III.

IL sera fait dans chaque Paroisse, & en suivant la distribution par classes, un recensement général des noms, âges, qualités & demeures de chaque individu ; & pour y être porté, il faudra être né François ou devenu François, & avoir vingt-cinq ans accomplis. Il faudra de plus pour ceux de la troisieme & de la quatrieme classes, qu'ils soient domiciliés & présens depuis un an dans la Colonie : quant à ceux de la premiere & de la seconde classe, ils seront récensés, quoiqu'absens, en ajoutant après leurs noms, âges, qualités &

____

(1) C'est malheureusement une vérité palpable & démontrée par les prétentions que les propriétaires-planteurs ont affectées, au point que la Plantocratie est devenu un mot de la langue des Colons & qu'il en faut bannir pour jamais.

l'efprit de réſidence ; au lieu que l'intérêt des propriétaires fonciers eſt toujours le même malgré leur abſence (1). Les droits politiques des femmes mariées & enfans de famille, étant exercés par les maris & par les pères, il paroît juſte que ceux des mineurs le ſoient par leur tuteur & ceux des veuves, des filles majeures & des tutrices par des fondés de pouvoirs. Enfin, il eſt important pour celui qui a des droits dans pluſieurs Paroiſſes, de veiller à ce que les intérêts de chacune ſoient bien connus & confiés à des perſonnes capables de les défendre : car l'exercice des droits politiques doit être enviſagé ſous le double rapport des choſes & des perſonnes; ſous le premier, il ſe multiplie & ſe diviſe en autant de fois qu'il y a de Paroiſſes, où un Citoyen peut avoir des choſes ſituées ; ſous le ſecond il ne peut avoir lieu individuellement qu'une fois dans chaque Paroiſſe.

demeures , l'indication des perſonnes qui les repréſenteront. Les mineurs ſeront collectivement repréſentés par leur tuteur ; les veuves , filles majeures & tutrices , par des fondés de pouvoirs : enfin tous ceux qui auront des biens , ou des procurations , de perſonnes qui en poſſéderont dans pluſieurs Paroiſſes, pourront concourir dans toutes , ſoit pour nommer , ſoit pour être nommés , mais ils ne conſerveront qu'une nomination ſur leur tête , & ſeront compris dans les récenſemens, ainſi que ceux qui , ayant atteint l'âge de vingt & un an , ſeroient jugés par les Aſſemblées de Paroiſſe, dignes d'être admis dans leur ſein.

---

(1) Ce plan étoit arrangé avant la prononciation des Décrets de l'Aſſemblée Nationale qui paroiſſent contradictoires : les principes qui ont préſidé aux ſtatuts généraux, ſont ſans doute excellens ; mais ſont-ils applicables aux Colonies ? S. Domingues n'a point une population analogue à ſon étendue, les cantons ſont diſperſés, la qualité des cultures rend impraticable le morcellement des poſſeſſions, & enfin la plupart des grands propriétaires ſéjournent dans la métropole qui a le plus grand intérêt de les y retenir, ne fut-ce que comme otages & garants de l'attachement fidele de ces contrées lointaines. Priver donc les colons de la faculté de ſe faire repréſenter aux aſſemblées coloniales, ne ſeroit-ce pas les forcer de retourner ſur leurs biens & de s'y fixer ? ne ſeroit-ce pas en même temps affoiblir, peut-être même diſſoudre les liens de l'union reſpective, qui ſe fortifieroit certainement par l'exception contraire jointe à l'admiſſion des Députés Coloniaux dans l'Aſſemblée Nationale ? car il ſeroit ſouverainement impolitique d'en détacher les Colonies ; ſoit pour les livrer à elles-mêmes ſous la foi toujours incertaine d'un pacte fédératif, ſoit pour les abandonner à l'adminiſtration des chefs qui auroient l'adreſſe, malgré les précautions les plus préciſes, d'y maintenir le ſyſtême miniſtériel dont ils retirent tous les fruits. De l'une & de l'autre maniere les Colonies ſeront tôt ou tard perdues pour la métropole ; au lieu qu'elles cheriront leurs nœuds, & ſeront les premieres à dédaigner l'indépendance ou toute autre protection que celle d'une Nation qui, par de ſages tempéramens & des modifications inſenſibles à une ſi grande diſtance ſçauroit identiſier leur conſtitution avec la ſienne. Mais les Colonies ſont elles néceſſaires, ſont elles utiles , & les bénéfices compenſent ils au moins les dépenſes qu'éxige leur conſervation ? Ces queſtions ne ſont nullement problématiques pour une Nation à qui l'abondance de ſa population, la fécondité de ſon territoire, & l'activité de ſon induſtrie, fourniſſent un ſuperflu conſidérable, & pour qui l'uſage des denrées coloniales eſt devenu un beſoin réel.

(20)

LE concours de toutes les claſſes, à la nomination d'un ſujet de quelque claſſe qu'il ſoit, prévient les antipathies & les prétentions des unes contre les autres. Il paroît juſte qu'un Citoyen ſoit ſuſceptible du choix de toutes celles à qui il appartient, mais individuellement il ne doit avoir qu'une nomination, ſoit active, ſoit paſſive, & les voix qu'il auroit de plus, ne doivent être données qu'au nom & comme repréſentant d'autres individus, ayant droit de voter dans ces Aſſemblées. On exige que les ſubſtitutions de procuration ſoient faites & conſtatées avant l'ouverture de l'Aſſemblée, pour écarter, autant que faire ſe peut, toute captation & toute cabale.

ARTICLE IV.

TOUTES les claſſes nommeront les ſujets à élire pour quelque claſſe que ce ſoit ; & ceux qui appartiendront à pluſieurs claſſes, ſeront ſuſceptibles d'être nommés pour toutes ces claſſes, mais ils ne conſerveront également qu'une nomination ſur leur tête ; ils n'auront perſonnellement qu'une voix, & nul ne pourra avoir plus de trois voix dans chaque Paroiſſe, de manière qu'un fondé de pouvoirs, qui donneroit la ſienne perſonnellement, n'en aura que deux en outre ; & s'il ſe trouvoit avoir un plus grand nombre de procurations, la ſubſtitution qu'il ſeroit autoriſé à en faire, ne ſera valable qu'autant qu'elle auroit été faite avant l'ouverture de l'Aſſemblée de Paroiſſe, & elle pourra être faite ſous ſignature privée, pourvu qu'elle ſoit conſtatée au procès-verbal d'ouverture de l'Aſſemblée.

LA convocation étant un devoir du Juge civil, il ne pourra s'en diſpenſer, ſans être coupable de prévarication. Le Marguillier ou Syndic étant l'homme de la Paroiſſe, c'eſt à lui qu'il convient de fair remplir les formalités préparatoires. Enfin il eſt néceſſaire que la convocation ſoit ſolemnelle & faite un tems ſuffiſant à l'avance, pour que les opérations ne ſoient point précipitées, & que les Députés nommés qui feroient dans la Colonie, ayent le loiſir d'aviſer à leur départ.

La premiere Aſſemblée Centrale fixera le terme auquel devra être fait la convocation biennale.

ARTICLE V.

L'ASSEMBLÉE de Paroiſſe ſera à la diligence du Marguillier ou Syndic de la Paroiſſe, & ſur la convocation du Juge civil, annoncée au ſon de toutes les cloches, par trois Dimanches conſécutifs, à la principale porte de l'Egliſe paroiſſiale ; elle ſera enſuite publiée à ſon de trompe ou de tambour, & affichée chaque ſemaine, dans les principaux endroits de la Paroiſſe, avec mention de la premiere, ſeconde & troiſieme fois, ainſi que du lieu où elle ſera tenue, & des jour & heure qu'elle ſera ouverte : leſquelles annonces, publications & affiches ſeront faites un tems suffisant à l'avance, pour que la nomination des Députés, & les opérations intermédiaires soient achevées au moins quatre mois avant la nouvelle session de l'Assemblée Nationale. De tout quoi il sera fait registre en tête du procès - verbal d'ouverture.

IL est à propos que chaque votant ait un exemplaire du recensement général, pour s'informer ou se ressouvenir de ceux qui seroient les plus dignes de sa confiance, & pour être à portée de vérifier par lui-même, s'il n'y a point d'intru dans l'Assemblée.

ARTICLE VI.

L'OUVERTURE de cette Assemblée sera fixée à la quinzaine au plutard, après la derniere semaine où elle aura été annoncée, publiée & affichée, & avant de la commencer, il sera distribué à chaque votant, un exemplaire du récensement

général, dont il sera pareillement annexé un exemplaire au procès-verbal d'ouverture, avec mention de l'annexe.

ARTICLE VII.

ON procédera dans cette Assemblée, ainsi que dans celles successives d'Electeurs, à la nomination d'abord des Scrutateurs, puis d'un Président, d'un Secrétaire & des Commissaires pour la rédaction des cahiers ; & ce ne sera qu'après leur confection arrêtée dans chaque Assemblée, qu'on s'occupera de la nomination des Electeurs, des Députés & des Suppléans.

LA nomination des Electeurs & des Députés, est séparée de celle des Commissaires & renvoyée après la confection des cahiers, parce que d'abord la science de les rédiger, est comme la pierre de touche de l'habilité à les faire valoir, & qu'en second lieu, tel a le mérite de composer avec ordre & précision, qui n'a pas ce don de la parole, cette fermeté d'ame nécessaires pour pérorer.

ARTICLE VIII.

LE Président & le Secrétaire seront pris indifféremment dans toutes les classes ; ils seront élus séparément au scrutin & à la pluralité des suffrages : les Scrutateurs & Commissaires pourront être nommés par acclamation, mais en nombre égal dans chaque classe : pour la nomination

LA premiere disposition de cet Article écarte encore toute idée d'aristocratie parmi les classes. L'acclamation suffit pour la nomination des Scrutateurs & des Commissaires, parce que les opérations des uns se font sous les yeux même de l'Assemblée, & que le travail des autres passe à sa censure. On permet le scrutin de liste, pour la nomination des Electeurs dans les premiers dégrés d'Assemblées, parce qu'il abrége & n'en comprend pas moins la totalité ou la majeure partie des fujets les plus méritans. Mais on prefcrit l'épreuve rigoureufe du fcrutin individuel pour les deux derniers degrés d'Affemblée, parce que les fonctions attribuées aux Membres qui compoferont l'Affemblée générale, & la députation font de la plus haute importance, & que leur choix ne fauroit être trop févere.

CES précautions font prifes pour rompre les cabales, & éviter la confufion qu'engendreroit une multitude de noms.

des Electeurs & Suppléans dans les deux premiers degrés d'Affemblées, il fuffira du fcrutin de lifte ; mais celle des Electeurs, des Députés à l'Affemblée Nationale, & des Suppléans dans les deux derniers degrés d'Affemblées, fe fera abfolument par fcrutin individuel,

ARTICLE IX.

LES billets pour la nomination d'un Préfident, d'un Secrétaire & pour les élections par fcrutin individuel, ne contiendront qu'un nom,

à peine d'être réjettés comme nuls, & le nombre des noms fur les billets pour le fcrutin de lifte, ne pourra, à peine auffi de nullité, excéder le nombre des Membres à élire pour chaque claffe,

IL peut fe faire qu'au lieu de deux fujets feulement, il y en ait trois, quatre & même d'avantage, fur lefquels les voix fe partagent en nombre égal : il eft jufte alors que les noms de tous ces Candidats militent enfemble, jufqu'à ce que l'un d'eux ait obtenu un triomphe complet.

ARTICLE X.

LORSQUE par le fcrutin individuel aucun des Membres ne réunira fur fa tête la majorité des fuffrages de l'Affemblée, les deux fujets qui auront eu le plus de voix, ou tous ceux qui en auront un nombre égal, feront ballotés enfemble, jufqu'à ce que cette majorité foit déterminée en faveur de l'un d'eux.

ARTICLE XI.

LES Scrutateurs affifteront à l'infertion du billet de chaque votant dans le fcrutin ; ils en proclameront la clôture par trois fois, & après la derniere proclamation, il ne fera plus loifible d'y inférer de billets, mais l'ouverture en fera faite fur le champ

CES difpofitions, en apparence minutieufes, font réellement très-propres à déconcerter les rufes que la fraude & l'intrigue feroient tentées d'employer : elles doivent être d'autant plus efficaces, qu'elles font foumifes à la furveillance continuelle de l'Affemblée.

par un des Scrutateurs qui en retirera les billets les uns après les autres.

& les remettra à fur & mefure à l'un de fes Collegues, qui, fous l'inf-
pection de tous, appellera à haute & intelligible voix, les noms infcrits;
& ils feront auffi-tôt couchés fur une feuille volante, par le Secrétaire qui
cottera auffi la quotité de fois qu'ils auront été appellés.

ON prefcrit de brûler la feuille volante & les billets, de peur que quelques mal intentionnés ne s'en emparent & n'en tirent un parti dangereux.

ARTICLE XII.

L'APPEL fini, la vérification du fcrutin fera faite par la comparaifon publique & à voix haute, de la feuille volante avec les billets qui

défigneront les perfonnes qui auront réuni le plus de voix, & dont les noms feront auffi-tôt confignés dans le procès-verbal, après quoi la feuille volante & les billets feront brûlés en préfence de l'Affemblée.

LES motions & obfervations adreffées hors de l'Affemblées, doivent l'être dans l'intervalle de la rédaction à la difcuffion, pour qu'elles puiffent être placées dans les cahiers; elles doivent être revêtues d'une fignature, qui juftifie qu'elles viennent d'un Membre de l'Affemblée. La méthode prefcrite pour la rédaction des cahiers, en facilite la difcuffion.

ARTICLE XIII.

LES Préfidens, Secrétaires & Commiffaires recueilleront les mo-tions & obfervations qui feront faites par l'Affemblée ou par quelqu'un des Membres, même celles qui leur feroient envoyées pendant qu'ils s'oc-cuperont de la rédaction, pourvu qu'elles foient revêtues d'une figna-

ture bien circonftanciée : ils les rédigeront & en formeront les cahiers, avec l'attention de préfenter d'abord les objets d'un intérêt général & commun; puis fucceffivement ce qui n'aura trait qu'aux intérêts particuli-ers de chaque Claffe, de chaque Paroiffe, de chaque Sénéchauffée & de chaque Partie.

ON laiffe un intervalle entre les mo-tions & leur difcuffion, pour qu'elles foient rédigées pofément, & que chaque opinant puiffe les étudier & y réfléchir mûrement.

ARTICLE XIV.

LES motions & obfervations faites dans la première tenue des Affem-blées de Paroiffe, n'y feront point difcutées; mais on s'ajournera au plutôt à la huitaine, & au plus tard

à la quinzaine, pour délibérer fur la rédaction des cahiers, & en arrêter définitivement les articles.

LES intérêts étant réglés par claſſes, celles qui manquent n'en ont aucun à être remplacées, & tout ſupplément par les autres dérangeroit la balance.

Il y a dans le moment actuel à Saint Domingue cinquante-une Paroiſſes & dix Sénéchauſſées : ſavoir, trois Sénéchauſſées dans les Parties Nord & Oueſt, & quatre dans la Partie Sud.

ARTICLE XV.

LES cahiers étant convenus & arrêtés dans l'Aſſemblée de Paroiſſe, il ſera choiſi par chaque claſſe, quatre Membres, dont trois auront le titre d'Electeurs, & l'autre ſera Suppléant : & ſi dans une Paroiſſe il ne ſe trouvoit pas d'habitans de toutes les claſſes, ou un nombre ſuffiſant dans chacune pour completter ſon élection, il n'en ſera point pris dans les autres claſſes pour couvrir ce déficit.

Parties.	Sénéchauſſées.	Paroiſſes.	Electeurs.	Suppléans.
NORD	Le Fort Dauphin	5	60	20
	Le Cap	13	156	52
	Le Port de Paix	6	72	24
OUEST	Saint-Marc	4	48	16
	Le Port au Prince	5	60	20
	Jacmel	3	36	12
SUD	Petit Goave (1)	4	48	16
	Jérémie	2	24	8
	Les Cayes	5	60	20
	Saint - Louis	4	48	16

Le nombre de quatre Membres par claſſes, qui donne ſeize par Paroiſſes, paroît très-ſuffiſant & tenir un juſte milieu (2).

---

(1) La Paroiſſe du grand Goave, quoique du reſſort de la Sénéchauſſée du petit Goave, eſt de la dépendance de l'Oueſt ; mais nul inconvénient, à ce que les Electeurs nommés par cette Paroiſſe ſe réuniſſent à l'Aſſemblée de leur Sénéchauſſée, qui n'envoye des Electeurs qu'à l'Aſſemblée de la Partie dont elle dépend, parceque d'abord chaque Paroiſſe a le droit d'établir ſes intérêts dans les Aſſemblées de Sénéchauſſées, & qu'en derniere analyſe, les intérêts de toutes ſe réuniſſent & ſe confondent dans l'Aſſemblée générale de la Colonie.

(2) Si l'on retranche le dégré d'Aſſemblée pour chaque Partie, alors il ſuffira de nommer trois membres par claſſe, ce qui donnera douze par Paroiſſes, dont les deux tiers d'Electeurs, & l'autre tiers de Supléants. & dans ce cas chaque Aſſemblée de Sénéchauſſée ne ſera pour les Electeurs que des deux tiers du nombre ci-deſſus fixé, & pour les Supléants d'un nombre égal. On pourroit même ſupprimer les Supléants ; & joindre leur nombre à celui des Electeurs dans ce premier dégré d'aſſemblée, où cette diſtinction de qualités ne paroît pas bien néceſſaire.

ARTICLE XVI.

L'ENVOI par chaque Sénéchauſſée étant de cinq Membres par claſſes, les Aſſemblées des Parties Nord & Oueſt qui ne contiennent chacune que trois Sénéchauſſées, feront compoſées de trente-ſix votans, qui auront en outre vingt-quatre ſuppléans, & celle de la Partie Sud, qui contient quatre Sénéchauſſées, ſera de quarante-quatre votans, qui auront en outre vingt-huit ſuppléans. Enfin la nomination par chaque Partie devant être de ſix Membres par claſſes, l'Aſſemblée générale ſera compoſée de trente-ſix votans, qui auront autant de Suppléans (1).

Les Sénéchauſſées & les parties plus étendues, plus peuplées & plus riches que les autres, n'ont point de repréſentation plus forte, pour qu'elles ne ſe prévalent pas de leurs avantages au détriment de la choſe commune. On n'aſſigne aucun local excluſif & perpétuel aux ſéances de l'Aſſemblée générale, parce que tous les endroits propres à la recevoir, ont un droit égale de participer chacun à ſon tour aux effets de cette inſtitution bienfaiſante.

Enfin on ne parle point du nombre des Députés à l'Aſſemblée Nationale & de leurs Suppléans, parce que c'eſt à l'Aſſemblée Nationale elle-même à le fixer dans la proportion que lui dictera ſa ſageſſe.

ARTICLE XVI.

LES Electeurs nommés dans les Aſſemblées de Paroiſſe, ſe réuniront au Siége de la Sénéchauſſée dans l'arrondiſſement de laquelle ſeront ſituées les Paroiſſes, & après avoir fondu en un ſeul les cahiers des différentes Paroiſſes, ils choiſiront parmi eux cinq Membres dans chaque claſſe, dont deux ſeront Suppléans, & les trois autres Electeurs ſe raſſembleront au chef-lieu de chaque Partie, où après avoir refondu en un ſeul les cahiers des Sénéchauſſées de la dépendance, ils choiſiront auſſi parmi eux ſix Membres de chaque claſſe, dont trois comme Suppléans, & les trois autres Electeurs formeront, dans tel lieu de la Colonie, qui ſera fixé alternativement, ſon Aſſemblée générale, & après en avoir dreſſé le cahier définitif, procéderont à la nomination des Députés à l'Aſſemblée Nationale & de leurs Suppléans.

---

(1) Dans le cas du retranchement des Aſſemblées de chaque Partie, ce qui conduiroit les Electeurs de chaque Sénéchauſſée à l'Aſſemblée générale. Il ſuffita qu'il ſoit nommé deux Membres par Claſſes dans chaque Sénéchauſſée, dont un Electeur & l'autre Suppléant ; ce qui fera quatre-vingt, tant Electeurs que Suppléans, & donnera pour chacun le nombre de quarante.

UNE indifpofition fubite, des affaires imprévues, des obftacles peut-être adroitement pratiqués par un rival ambitieux, priveront les Paroiffes des perfonnages les plus capables de défendre leurs intérêts, fi la préfence aux Affemblées primaires étoit rigoureufement exigée ; on eft même obligé quelquefois d'aller chercher au fond de fa retraite un Citoyen modefte, qui poffede cette éminence de qualités néceffaire pour figurer dans une Affemblée générale, & dont néanmoins la vocation doit être épurée & confirmée, par les Elections geminées des Affemblées graduelles, d'autant que pour être prépofé au maniment des affaires publiques, il convient d'avoir l'agrément & l'aveu de tous ceux qu'elles intéreffent. Enfin la préfence actuelle, & la jouiffance d'un état ou d'une propriété conftituent effentiellement l'aptitude à la repréfentation locale ; mais pour la repréfentation Nationale (1), le fimple caractere de regnicole, habilite quiconque a fixé le choix d'une Commune par fes mœurs & par fes talens : la préférence à ces deux titres lui eft raifonnablement dévolue fans aucune diftinction des claffes, parce qu'alors les droits de tous les individus de toutes les parties de la Colonie, ne forment plus qu'une maffe indivifible. De plus, l'éloignement des Colonies & le féjour habituel des grands propriétaires dans la Métropole, défendent, en quelque façon, de circonfcrire à l'enceinte de chaque île la nomination paffive des Députés, & il eft bien naturel que les Paroiffes en ayent l'initiative, & l'affurance que leur vœu à cet égard aura été confulté.

ARTICLE XVII.

POUR être nommé Electeur par les Paroiffes, il fuffira d'être habitant de la Paroiffe, préfent dans la Colonie, quoiqu'abfent de l'Affemblée, & même non repréfenté : mais il faudra abfolument avoir été nommé fucceffivement Electeur dans les Affemblées graduelles pour devenir Membre de l'Affemblée générale : quant aux Députés, ils feront nommés fans diftinction de claffes, & fans qu'il foit befoin d'avoir été Membre d'aucune des Affemblées graduelles, ni préfent dans la Colonie, ni détempteur d'aucun bien colonial ou autre, pourvu que l'on foit né François ou devenu François ; & les Paroiffes pourront par leurs cahiers, défigner les perfonnes à qui elles defireroient que la députation fût confiée : bien entendu que cette défignation ne fera point impérative, & qu'elle ne conférera aux perfonnes défignées que le droit d'être portées fur la lifte des Afpirans à la députation, concurremment avec les Membres de l'Affemblée générale & autres qu'elle jugeroit à propos d'y infcrire : laquelle lifte fera dreffée avant la nomination, & annexée au procès-verbal.

---

(1) A S. Domingue il n'y a point, à proprement parler, d'impôt perfonnel, ni de contribution directe, excepté la taxe fur les maifons & la capitation des efclaves domeftiques ; ainfi, il n'eft point étonnant que la difpofition de cet article ne quadre point avec le décret de l'Affemblée Nationale fur cet objet.

RIEN de plus redoutable que l'influence même la plus légere des fuppôts de l'autorité exécutrice ; elle fe fait fentir malgré leur abfence : que feroit-ce fi elle étoit foutenue de leur préfence ? elle gèneroit au moins la liberté des fuffrages. L'établiffement d'une communication de lumieres & de renfeignemens par des Mémoires, voilà la feule part qui leur compete dans les Affemblées, & qui foit compatible avec la fûreté des délibérations.

LA perpétuité, ou une longue continuation dans ces charges, feroit un germe infaillible d'ariftocratie, fur-tout fi les pourvus entreprenoient d'en infpirer le goût au peuple, qui fe fatigue aifément des Devoirs publics.

CES Officiers font les témoins avoués de la Commune, pour certifier la vérité de fes opérations, dont les minutes doivent refter fous fes mains & fous fes yeux, afin qu'elle puiffe y recourir au befoin.

L'ASSEMBLÉE centrale de la Colonie fe trouvera compofée le moins de vingt-quatre Membres, & ce nombre n'eft ni trop fort ni trop foible pour les travaux dont elle fera chargée, & dont l'enfemble eft préfenté dans l'article fuivant.

ARTICLE XVIII.

AUCUN agent du pouvoir exécutif, même propriétaire d'un bien colonial, tant qu'il fera en place, n'aura de féance ni de voix, foit active, foit paffive dans ces Affemblées.

ARTICLE XIX.

LES Electeurs, les Députés & les Suppléans qui en auront rempli les fonctions, ne pourront être réélus, qu'après l'intervalle d'une feffion de de l'Affemblée Nationale entre les différentes nominations.

ARTICLE XX.

TOUS les procès-verbaux & annexes feront fignés du Préfident & du Secrétaire de l'Affemblée ; & en outre pour les élections & nominations des Scrutateurs, & pour la rédaction des cahiers des Commiffaires qui en auront été chargés. Les minutes refteront dépofées aux archives des Affemblées, & il n'en fera délivré que des expéditions aux Electeurs & aux Députés.

ARTICLE XXI.

LES Membres de l'Affemblée générale qui n'auront pas été nommés Députés, formeront dans le lieu où ils feront réunis alors, l'Affemblée centrale & permanente de Saint-Domingue, pendant la durée de cette feffion de l'Affemblée Nationale, avec laquelle ils entretiendront la correfpondance entiere & directe de la Colonie : & à cet effet, ils nom-

meront un Préfident qui fera renouvellé tous les mois, & trois Secrétaires, dont un pour chaque Partie, ne fera renouvellé que tous les
trois mois.

IL eſt raiſonnable, je pourrois dire in-
diſpenſable d'accorder aux habitans de
pays auſſi éloignés, auſſi diſſemblables de
la Métropole, la ſurveillance du pouvoir
exécutif, l'initiative de leur conſtitution
& de leur légiſlation, & la voie des remontrances ſur les Décrets généraux, qui
contrarieroient l'eſſence de ces contrées.
Mais en même-tems, pour conſacrer l'uni-
té de Gouvernement & réprimer les ſug-
geſtions de l'intérêt privé, toujours enclin
à ſacrifier le bien commun, l'Aſſemblée
Nationale doit conſerver le droit abſolu
de prononcer définitivement ſur leurs pro-

ARTICLE XXII.

CETTE Aſſemblée ſurveillera
toutes les branches de l'Adminiſtration, projettera les diſpoſitions
purement locales, ſoit conſtitution-
nelles, ſoit légiſlatives, & propo-
ſera ſur les ſtatuts généraux du Royaume tout amendement qu'elle eſtime-
roit convenable pour les approprier
à la Colonie: mais rien ne ſera exé-
cuté qu'il n'ait été décrété par l'Aſſemblée Nationale.

poſitions, & notamment ſur les exceptions dérogatoires à ſes Décrets généraux, après
avoir ſoigneuſément examiné ſi elles ſont ſuſceptibles d'être amalgamées avec le régime
uniforme de l'Etat.

Les objets dont l'Aſſemblée Centrale doit s'occuper inſtamment, ſont en général ;
1º. La création & l'organiſation des Tribunaux ſupérieurs & inférieurs, & des Municipalités principales & ſecondaires (1), la limitation de leurs pouvoirs & de leur
reſſort. 2º. Le fort des Eſclaves & leurs affranchiſſemens. 3º. L'admiſſion des gens
de couleur libres parmi les blancs. 4º. La forme, l'aſſiéte & la répartition primor-
diale de l'impôt. En un mot, la diſtinction & la fixation de tous les points d'Adminiſtration.

---

(1) Par Municipalité ſecondaire on n'entend point que leur diſcipline dependra des Municipalités principales, mais ſeulement qu'elles ſeront moins conſidérables en raiſon des lieux & du
nombre des habitans. Il faut entre toutes, non pas de la ſubordination, mais de la concorde, de
la bonne intelligence; & à cet effet ſeulement, les principales doivent ſervir de points de rallie-
ment.

Les Miniſtres prétendent que cette eſpèce d'établiſſemens ne peut convenir aux Colonies:
quel eſt donc le pays de l'univers qui ne puiſſe s'accomoder d'un régime qui par ſa ſimplicité naturelle, ſe rapproche le plus du gouvernement patriarchal, ce mode primitif des ſociétés hu-
maines? En 1763, S. Domingue en fit un leger eſſai, mais les ſuccès d'une pareille inſtitution,
auroient traverſé la marche deſpotique des agens de l'autorité, & on l'étouffa dans ſa naiſſance.
Ce fut par la même raiſon, quoique ſous d'autres prétextes faux ou ſpécieux, qu'en 1787, on
réunit en un ſeul les deux Conſeils ſupérieurs de cette Iſle, qui auroit eu plutôt beſoin d'un
troiſieme dans la Partie Sud. Enfin les Miniſtres s'appuyent de l'exemple des peuples voiſins,
pour s'arroger ſous le nom de la Métropole un pouvoir abſolu ſur les Colonies; mais l'exemple
de la nouvelle Angleterre doit faire ſentir & prouve ſans réplique que la proſpérité & la conſervation de ces belles Contrées ne peut être aſſurée, qu'autant qu'elles ſeront une portion
intégrante du faiſceau fraternel de la Nation.

IL existe une infinité d'objets urgens, & pour lesquels le moindre retard deviendroit fatal & irréparable ; il est donc important de confier à l'Assemblée Centrale la faculté d'y pourvoir par des Réglemens provisoires, mais dont l'exécution ne soit permise que sous la condition expresse & de la sanction préliminaire des deux Administrateurs en chef & de la ratification ultérieure de l'Assemblée Nationale.

PAR l'article précédent, la sanction est déférée aux deux Administrateurs en chef, comme Représentans immédiats de Sa Majesté, & principaux agens du pouvoir éxécutif : savoir, le Gouverneur général & l'Intendant : le premier brave militaire est pour l'ordinaire peu versé dans l'art de l'administration & dans la science législative ; il est donc prudent de lui adjoindre un collegue, qui par état & par expérience soit à même de le redresser ou de le confirmer dans son opinion : ils auront d'ailleurs tous les deux un guide moralement plus sûr dans le secours mutuel de leur raison & de leurs lumieres.

Cette espèce de sanction est complettement énoncée par la promulgation simultanée des réglemens, de même que le refus par la déduction écrite & signée des motifs dans un délai suffisant pour faciliter à la réflexion le dégagement des préjugés ou des caprices.

ARTICLE XXIII.

NÉANMOINS cette Assemblée pourra faire des Réglemens de Police, ou tous autres qu'exigeroit le besoin du moment ; mais ils ne seront exécutés provisoirement que du consentement des Administrateurs en chef, & sauf la ratification de l'Assemblée Nationale, à qui ils seront sur le champ envoyés.

ARTICLE XXIV.

LE consentement des Administrateurs en chef résultera de la promulgation qu'ils feront faire des Réglemens par les Tribunaux & Municipalités auxquels ils les adresseront ; & au cas qu'ils jugent à propos de la refuser, ils demeureront responsables de leur refus, & seront tenus d'en remettre les motifs, signés d'eux, à l'Assemblée dans la quinzaine au plutard, du jour que les Réglemens leur auront été présentés, pour expéditions du tout être dépêchées à l'Assemblée Nationale, tant par les Administrateurs en chef, que par l'Assemblée Centrale.

LA diverſité des ſentimens peut ongendrer entre deux autorités égales un conflit, dont les inconvéniens ſont incalculables, & dont le moindre ſeroit une inaction funeſte ; pour y remédier, il eſt dans l'ordre que la prépondérance appartienne à celui qui, par ſa place, eſt cenſé repréſenter plus directement Sa Majeſté, & avoir une plus grande plénitude de pouvoirs, c'eſt-à-dire, le Gouverneur général, qu'il eſt juſte alors de rendre ſeul reſponſable de ſon refus : & s'il décide la promulgation contre l'avis de l'Intendant, il eſt bon de connoître & de peſer les motifs de ce dernier.

CETTE formule embraſſe tout dans ſa ſimplicité. Ce n'eſt qu'au nom du Roi que doit agir le pouvoir exécutif ; & il ne doit agir que ſur la réquiſition de l'Aſſemblée Centrale, qui elle-même ne doit rien faire que de l'aveu de la Nation. L'ancien uſage d'employer les ſupérieurs intermédiaires pour arriver aux inférieurs, eſt ſujet à trop de délais & par fois à trop d'entraves ; il vaut beaucoup mieux que chaque établiſſement, chaque corporation reçoivent les ordres & la loi du pouvoir exécutif directement & immédiatement. Enfin il eſt néceſſaire d'aſſurer par des formalités acceſſoires l'authenticité d'un acte légiſlatif.

ARTICLE XXV.

SI les deux Adminiſtrateurs ſe trouvoient partagés d'avis, celui du Gouverneur-Général ou de la perſonne qui en fera les fonctions, prévaudra ; & ſi c'eſt pour le refus, il en reſtera ſeul reſponſable ; ſi c'eſt au contraire pour la promulgation, l'Intendant ou la perſonne qui le remplacera, & qui n'aura pas été de cet avis, joindra les motifs du ſien, pour le tout être expédié comme il eſt preſcrit par l'article précédent.

ARTICLE XXVI.

LA formule de la promulgation ſera conçue en ces termes : DE PAR LE ROI — l'Aſſemblée Centrale de Saint-Domingue a ſtatué proviſoirement, & ſauf la ratification de l'Aſſemblée Nationale, ce qui ſuit : (*ici ſera placée la teneur littérale du Réglement*). — Il eſt enjoint à tous Tribunaux ſupérieurs & inférieurs & à toutes Municipalités principales & ſecondaires, d'enregiſtrer le préſent Réglement, & de le faire publier, lire & exécuter dans toute l'étendue de ſon reſſort, & d'en certifier l'Aſſemblée dans le mois.

Donné par nous N. Gouverneur - Général de Saint Domingue, & N. Intendant de ladite Iſle, ſous le ſceau de la Colonie, ainſi que ſous nos ſeing & contreſeing de nos Secrétaires à l'an de grace & le (*quantieme du mois*).

C'EST une position trop délicate que
celle d'un homme placé entre son devoir
& son amour-propre ; & l'intérêt général
conseille des ménagemens équitables pour
la foiblesse humaine, en même-tems qu'il
prescrit les mesures les plus strictes contre
les entreprises de l'autorité. On a voulu
par cet article remplir cette double tâche,
& mettre l'Assemblée Centrale & les Administrateurs en chef, respectivement dans
l'impossibilité physique & morale, de né-
gliger l'exécution des ordres qui leur
seroient adressés, ou de la précipiter contre
le vœu de l'article XXII.

ARTICLE XXVII & dernier.

LES decrets de l'Assemblée Nationale portant ratification ou abro-
gation d'un Réglement provisoire,
seront au nom du Roi adressés directement par le Secrétaire d'Etat au
département de la Marine, tant aux
Gouverneur - Général & Intendant
qu'à l'Assemblée Centrale, & ils
seront à la diligence des uns ou des
autres, envoyés aux Tribunaux &
Municipalités, pour y être enregis-
trés, publiés, lus & exécutés ; à la
différence des autres décrets qui
seront adressés de la même manière,
mais ne seront promulgués que sur
la réquisition de l'Assemblée Centrale.

TABLEAU

De la Partie Françoise de l'Isle Saint-Domingue, & de sa Population blanche.

NORD.

Paroisses.	Sénéchaussées.	Nombre des Habitans en état de voter.
Ouanaminthe. Le Fort Dauphin. Le Terrier rouge. Le Trou. Valliere.	Le Fort Dauphin	700
Limonade. Le Quartier Morin. La grande Riviere. Le Dondon. La Marmelade. La petite Anse. Le Cap. La Plaine du Nord. L'Acul. Le Limbé. Le Port Margot. Le Borgne. Plaisance.	Le Cap	4900
Le petit Saint-Louis. Le Port de Paix. Le gros Morne. Jean Rabel. Le Môle Saint-Nicolas. Bombarde.	Le Port de Paix	1400

OUEST.

Paroisses.	Sénéchaussées.	Nombre des Habitans en état de voter.
Les Gouaïves. Saint-Marc. La petite Riviere. Les Verettes.	Saint-Marc	1500
Mirebalais. L'Arcahaye. La Croix des Bouquets. Le Port au Prince. Léogane.	Le Port au Prince	2500
Baynet. Jacmel. Les Cayes de Jacmel.	Jacmel	500

11500

SUD.

S U D.

Paroiſſes	Sénéchauſſées.	Nombre des Habitans en état de voter.
	De l'autre part	11500
Grand Goave. Petit Goave. L'Anſe à Veau ou Nippes. Le Petit Trou.	Le Petit Goave	800
Jérémie. Le Cap Dame-Marie.	Jérémie	659
Tiburon. Les Cotteaux. Le Port-Saint. Torbeck. Les Cayes.	Les Cayes	1400
Cavaillon. Saint-Louis. Aquin. Le Fonds des Negres.	Saint-Louis	650
		15000

Cet apperçu porte la Population blanche, dans le moment actuel, à environ 15000 Votans, par la réunion des perſonnes préſentes & des proprietaires abſents, & il ne lui faudra pas vingt ans pour doubler ſous un régime plus favorable.

Le nombre des Votans ſera bien plus conſidérable, ſi l'on admet les gens de couleurs libres, comme je l'expliquerai.

ESQUISSE

De certaines bases des Opérations principales à faire
par les Assemblées Coloniales.

Des Tribunaux & des Municipalités.

LA partie Françoise de Saint-Domingue forme depuis la pointe de
l'Isle du côté de la bande du Nord jusqu'à l'extrêmité de celle du Sud,
une espece de demi-cercle, ouvert à l'Ouest, & d'environ 220 lieues
communes de France. Le Port-au-Prince, où l'on a placé le Conseil supérieur unique, établi en 1787, est à-peu-près au centre de cet espace :
mais les chemins font par-tout entrecoupés de ravines, de rivieres,
de mornes ou montagnes souvent doubles, quelquefois triples, de rochers
escarpés & de déserts : on rencontre même des endroits où la communication ne se continue que par des sentiers étroits, hérissés de roches
aigues, & bordés de précipices (1). Nulle hôtellerie, nulle messagerie,
en un mot, nul établissement pour la commodité, le soulagement & la
sûreté des voyageurs. De-là des frais énormes, des difficultés innom-
brables & des dangers évidens pour le transport des personnes & des
choses. Ces détails, auxquels on pourroit en joindre d'autres aussi frap-
pants, suffisent certainement pour démontrer la nécessité de trois Conseils supérieurs, fixés dans la principale ville de chaque Partie. Il y en auroit
un au Cap pour le Nord, qui a environ 45 lieues de longueur d'Est à
Ouest sur environ 10 de largeur du Nord au Sud. Un autre siégeroit
au Port-au-Prince, pour l'Ouest, qui a pareillement environ 45 lieues
d'étendue du Nord au Sud, sur 10 environ d'Est à Ouest : & enfin ,
un troisieme résideroit aux Cayes, pour le Sud qui a les mêmes dimen-
sions que l'Ouest, & présente une figure presque parallelle.

____

(1) Depuis la réunion des deux Conseils en un seul au Port au Prince, le Gouvernement a dépensé de grosses sommes pour faire un grand chemin, qui malgré l'entretien
le plus cher & le plus gréveux, se dégrade perpétuellement. Il a aussi paru une Ordonnance pour l'établissement d'une *Cariole* capable de voiturer un ou deux voyageurs ; mais
la *Cariole* n'a point encore paru, & ne paroîtra sûrement jamais : car qui voudroit s'en
servir ?

Chaque Conseil seroit composé d'un Président, d'un Vice-Président, de dix Conseillers, d'un Procureur-Général, de deux Substituts, d'un Greffier, de deux Commis-Greffiers & d'un Huissier-Audiencier.

Le Gouverneur-Général, l'Intendant, les Officiers de l'État-Major & d'Administration n'y auroient point de séance, ni voix délibérative, & n'y entreroient que pour se faire reconnoître en leurs qualités.

Les Présidents, Vice-Présidents & Procureurs-Généraux, seroient toujours pris dans les Titulaires en exercice ; & les autres Membres dans tous les Habitans présens dans la Colonie, gradués ou non-gradués.

Tous les Officiers du Conseil supérieur seroient nommés à vie, & auroient des appointemens réglés par l'Assemblée Centrale : (*l'honneur de la promotion est la récompense du mérite, & les appointements font le salaire de la peine*).

Chaque Sénéchaussée seroit composée d'un Juge, d'un Lieutenant de Juge, de trois Assesseurs, d'un Procureur du Roi, de trois Substituts, d'un Greffier, de trois ou quatre Commis-Greffiers, d'un Huissier-Audiencier.

Tous ces Officiers seroient également à vie & appointés.

La nomination de tous les Membres, tant des Conseils supérieurs que des Sénéchaussées, seroit faite par le Roi, qui feroit délivrer des provisions à celui qu'il choisiroit dans trois sujets qui lui seroient présentés par un procès-verbal d'Assemblée générale de la Partie où il viendroit à vaquer une place.

Plus d'épices, plus de taxes sur les arrêts, sur les sentences, ou jugemens même au rapports, ni sur les actes de procédure des Tribunaux, y compris les premieres expéditions des Greffes, & excepté seulement les secondes & autres, qui seroient tarifées, & dont le produit seroit versé dans la Caisse Municipale, sur laquelle seroient prélevés tous les fonds de ces dépenses.

Suppression du Tribunal Terrier ; ses objets administratifs seroient confiés à l'Assemblée Centrale, & les judiciaires aux Tribunaux.

Suppression des Amirautés, & distinction seulement de la procédure pour les affaires de cette nature, pour celles de commerce & pour toutes les matieres sommaires.

La profession d'Avocat libre, sans discipline de corps, sans être responsable qu'à la loi de l'infraction de ses devoirs ; faculté de prendre tel particulier que l'on voudroit pour inftruire & défendre fes caufes, fi mieux l'on n'aimoit le faire foi-même : la perfonne qui fe chargeroit de plaider, pourroit en même tems remplir les formalités de la procédure, & par conféquent abolition des Procureurs *ad lites*.

La Police courante & journaliere, déférée aux Municipalités ; les Tribunaux ne connoîtroient que des objets de Police contentieux entre divers particuliers, ou des délits qui leur feroient dénoncés par le Procureur-Général de la Commune dans les 24 heures de l'arreftation des délinquans. Le pouvoir exécutif militaire quelconque, ne feroit que prêter main-forte, fur la réquifition des Officiers Municipaux, ou fur celle des Tribunaux ; mais à l'égard de ceux-ci pour l'exécution feule de leurs jugemens ou décrets.

Je ne m'étendrai point fur les Municipalités : c'eft à l'Affemblée Centrale à les créer & à les organifer, fuivant l'exigence des lieux ; & d'après les vues des Affemblées primaires. Je dirai feulement qu'il eft effentiel que la Caiffe Municipale foit féparée de toutes autres ; qu'elle foit à la difpofition des feuls Officiers Municipaux, qui auront la nomination abfolue du Caiffier, Receveur ou Tréforier ; mais à la charge d'une garantie entiere de leur part, qui ne dureroit, comme l'exercice de cette place, que le tems qu'ils feroient en charge.

Des Efclaves & de leurs affranchiffements.

La queftion de l'efclavage exige des connoiffances locales : les gens de couleur libres qui en tirent leur origine, ne difconviennent point eux-mêmes de fa néceffité pour la culture des Ifles ; & quiconque aura habité les Colonies en obfervateur impartial & éclairé, tombera facilement d'accord fur ce chapitre ; il ajoutera, & je ne diffimulerai pas non plus qu'il eft de l'humanité & de la juftice d'améliorer le fort des efclaves, & de le rendre le plus doux poffible, foit dans leur traite d'Afrique, foit dans leur régime en Amérique. Il convient auffi de faciliter la manumiffion, en fupprimant la taxe fur les affranchiffemens, & en réduifant les formalités à un fimple acte du maître, fondé fur des proportions & des motifs certifiés par l'Affemblée de Paroiffe où réfideroit le Propriétaire de l'efclave, dont l'affranchiffement feroit ratifié par l'Affemblée Centrale, pour avoir fon plein & entier effet.

Des Gens de couleur, libres.

Les gens de couleur libres ont tout demandé , fans doute pour n'obtenir que ce qu'il eſt raiſonnable de leur accorder ; car ils ſentent parfaitement qu'il eſt de la prudence de ne pas bruſquer (1) des préjugés qui tiennent tellement à l'eſſence des choſes, qu'on ne ſauroit les extirper abſolument , ſans détruire les ſubſtances où ils ſont en quelque façon incorporés. Ceux dont il s'agit , conſtituent aux Colonies un fonds d'eſprit public , une opinion générale , profondement gravée dans les têtes , non-ſeulement des blancs , mais qui plus eſt , des Négres & des ſangs-mêlés , libres comme eſclaves (1) : ce n'eſt donc qu'en ménageant leur affoibliſſement ſucceſſif qu'on parviendra à les amortir. Le malheureux d'ailleurs qui a été plongé dans l'horreur d'un cachot ténébreux , vous l'expoſez à perdre la vue, ſi vous le préſentez tout-à-coup à la vive lumiere du jour : & ſi vous fourniſſez ſans diſcrétion de quoi ſatisfaire ſes appétits à un homme dévoré de la faim & de la ſoif , il en abuſera infailliblement. Il en eſt de même de la liberté pour l'individu qui n'eſt pas accoutumé à en jouir , & il ſeroit dangereux d'en prodiguer tous les droits à celui qui n'en connoît pas l'uſage. C'eſt une ſcience qui , comme toutes les autres à ſon rudiment , il faut en étudier les élémens , en apprendre les regles , & en faire , pour ainſi dire , l'apprentiſſage , avant que de pouvoir la pratiquer & la profeſſer. Etourdi par le paſſage rapide de ſon ancien état à un autre abſolument nouveau pour lui , les actions , les idées de l'affranchi ſe reſſentiront toujours du ſouvenir encore trop récent de la ſervitude. De la liberté à la licence , il n'y a qu'un pas , & l'eſclave l'aura bientôt franchi , ſi après l'avoir dégagé de ſes entraves , vous lui donnez auſſi-tôt un plein

---

(1) L'inexécution de l'Edit de 1685 , de laquelle les gens de couleur libres ſe plaignent , & la réſiſtance qu'a eſſuyé tout fraîchement encore une rapſodie ordonnancielle de la légiſlature Buro-cratique , viennent à l'appui de cette vérité.

(2) Ce ſeroit une erreur bien capitale que d'aſſimiler ces préjugés à ceux des différentes Ariſtocraties de la Métropole. Ces derniers n'étoient que les prétentions iſolées de quelques individus , de certaines claſſes , & des uſurpations abſorbantes contre leſquelles le peuple entier réclamoit. La totalité , au contraire , des habitans des Colonies eſt pénétrée des premiers qui ſont dans le ſang des Indigènes , & s'impriment promptement dans l'ame des Européens qui s'y tranſplantent. Ces préjugés ſont , pour m'exprimer ainſi , un goût de terroir dont on peut corriger l'amertume ; au lieu que les autres étoient des ingrédiens hétérogènes & malfaiſans qu'il falloit ſégréger & anéantir.

eſſor. Enfin, il eſt dans l'ordre de parcourir tous les échellons, avant d'arriver au haut de l'échelle, dont voici, à mon avis, la gradation la plus naturelle.

1°. Aucun affranchi, aucun homme de couleur libre à la premiere génération ne jouira des droits de Citoyen dans les Affemblées Coloniales.

2°. Tout homme de couleur, libre, à la feconde génération, & aux fuivantes, qui aura une bonne conduite, fera admis aux Affemblées de Paroiffe pour y faire fes pétitions, délibérer fur celles qui feroient faites & concourir aux nominations, mais il ne pourra être l'objet d'aucune élection.

3°. Tout quarteron fera libre, & tout métif fera réputé blanc par le fait feul de leur naiffance bien conftaté.

4°. Les Sang-mêlés dont la teinte, d'abord rembrunie par l'alliage des races (negre, mulâtre ou quarteron) (1), croifées les unes fur les autres, fe fera enfuite éclaircie, & approchera de la nuance du quarteron ou du métif, ne feront réputés libres ou blancs, qu'après la puberté & fur la qualification qu'ils en obtiendront de l'Affemblée Centrale, en conféquence de la reconnoiffance qui en aura été faite par les Blancs & réputés Blancs, dans une Affemblée de Paroiffe, convoquée à cet effet par un Officier Municipal.

Plufieurs Colons répugnent à départir aux gens de couleur libres une portion des droits de Citoyen, & ils voudroient que la plénitude n'en fût octroyée qu'à une ou deux générations plus reculées que celle de métif, à un degré enfin affez éloigné de la fource, pour que les émanations en fuffent préfumées taries. Ils penfent qu'autrement les gens de couleur feroient tentés de jetter un regard en arriere, & que l'ambition d'une égalité parfaite, ainfi que le contrafte de l'état de leurs afcendans, dérangeroit leur imagination ordinairement facile à s'exalter.

Ces raifons font frappantes au premier afpect : mais fi-tôt qu'on réfléchit fur la nature humaine en général, on reconnoît que celui qui d'un rang inférieur paffe à une condition plus relevée, fe hâte de couvrir du manteau de fon nouvel état, les livrées de l'ancien ; il abdique fes vielles habitudes, fes vertus même pour affecter les tons, le coftume & jufqu'aux défauts de ceux dont il eft devenu l'égal ; il n'épargne rien

---

(1) Le blanc & le negre engendrent le mulâtre ; le blanc & le mulâtre produifent le quarteron, le blanc & le quarteron donnent le métif : telles font les principales dénominations des fang mêlés.

pour déguiser à ses propres yeux ce qu'il étoit, dans l'espoir, dans la persuasion qu'il en dérobera la mémoire ou la connoissance aux autres; & la manie ridicule des métamorphoses le tourmente au point qu'il méconnoît sa famille, & finit par changer ou défigurer le nom de ses ancêtres. Cet orgueil originel, cet amour-propre inné à tous les hommes, il est bien peu de gens de couleur qui n'en soit entiché, & qui ne donne dans l'excès opposé à celui que l'on appréhende. Vains & superficiels, ils voltigent autour des lueurs qui les éblouissent, & ne courent qu'après le brillant des droits de Citoyen : inconstans & paresseux, ils n'en regretteront point les charges; ils les fuiroient au contraire comme un joug insuportable, comme un véritable esclavage. Ceux d'entr'eux dont le bisayeul seroit encore esclave, & ce sera le petit nombre, (car dans mon système l'ayeul doit avoir été affranchi, & le pere étant par conséquent libre en naissant, cette liberté natale a déjà effacé les marques de la servitude) ceux-là, dis-je, s'empresseront tout au plus de l'affranchir. Je dis *tout au plus*, d'abord par une suite des maximes ci-dessus déduites, & en second lieu, parce que les affections de la nature tendent bien plutôt à descendre qu'à remonter : aussi le bisayeul, l'ayeul & le pere des métifs jouiront-ils dans leur postérité, en la voyant participer à tous les droits de Citoyen. Loin d'en être jaloux, ils en seront d'autant plus contens, qu'ils y attacheront plus de prix; loin d'en prendre occasion de manquer aux Blancs, ils redoubleront d'égards en songeant d'un côté que c'est à la ressemblance que leur enfant est redevable de cette prérogative, & de l'autre que c'est un moyen efficace de préparer, maintenir & accroître la faveur de son initiation. Ainsi une politique légitime resserrera ou remplacera les liens du respect & de la reconnoissance (1): ainsi point de conspirations, point de complots à redouter. Le fils n'auroit rien à gagner de plus; le pere auroit tout à perdre; l'ayeul & le bisayeul seront parvenus à cet âge (2) où les organes sont affoiblis & les goûts émoussés, où le cœur n'a plus cette fougue de desirs, l'esprit, cette ardeur de conceptions, le caractere, cette tenue de principes, nécessaires pour

---

(1) Je suppose, comme je l'ai déjà proposé, & qu'il est important de le faire, que l'Assemblée Nationale remettra aux Colonies le sort des gens de couleur libres.

(2) Ils auroient au moins l'un 55 & l'autre 70 ans; car leur petit-fils ne pourroit être admis plutôt qu'à 25 ans révolus.

ourdir une trame & en fuivre tous les fils, & où l'ame enfin ne fe prête
plus volontiers qu'à ces fenfations douces & paifibles qui la recréent fans
l'ébranler. Leur vieilleffe ne pourra donc qu'être flattée & confolée par
le bonheur de leur petit-fils, qu'ils partageront au moins en contemplation.

Des Impôts.

L'objet, la forme & la mefure de la Cote-part incombante à la chargé
des Colonies dans la maffe des befoins publics du Royaume, font trois
points fort délicats; ils doivent être déterminés avec une circonfpection
qui écarte jufqu'à l'idée d'une exaction oppreffive. Rien de plus cafuel
que les biens coloniaux. Les tremblemens de terre, les ouragans, les
inondations, les féchereffes, les infectes, les épidémies, la défertion
des efclaves & mille autres fléaux particuliers & généraux, diminuent
confidérablement & annullent quelquefois en un clin-d'œil la valeur de
ces poffeffions. La multitude & la fréquence de ces variations dans le
produit, rendent donc impraticable l'affiete d'un impôt réel ou territorial.
L'impôt perfonnel feroit encore moins tolérable dans ces pays où la population & l'induftrie follicitent de l'attrait & de l'encouragement : l'octroi
fur les denrées à leur fortie, une légere taxe fur les loyers de maifons,
& la capitation des efclaves domeftiques font à-peu-près les feules impofitions qui aient pu fympathifer avec la nature de ces contrées (1). Mais
le commerce exclufif pour la Métropole eft une contribution indirecte &
équivalente à l'impôt le plus fécond ; ce privilége cependant dégénéreroit
en un monopole exorbitant, en une concuffion meurtriere, s'il n'étoit
modéré fur les objets de premiere néceffité, & notamment fur les co-
meftibles : la raifon d'ailleurs & la politique de concert, ont créé ce
tribut naturel des Colonies, & doivent en prolonger la durée, jufqu'à
ce que d'autres peuples confentent à une réciprocité complette, ou qu'un
concordat folemnel ne faffe plus des Nations Européennes, du Genre
Humain, qu'une grande famille, & qu'on voie flotter fur toutes les mers
le pavillon de la confraternité univerfelle.

---

(1) Sous le Miniftere de M. le Maréchal de Caftries, on a eu l'intention d'introduire
aux Colonies d'autres formes de perceptions burfales ; mais je ne fache pas qu'elle ait été
effectuée, ou que la tentative en ait réuffi.

F I N.

9 782013 434836